Jean Bourdeau

Au Congrès d'Amsterdam

Politique

ISBN : 978-1724505538

10 9 8 7 6 5 4 3 2 1

Jean Bourdeau

Au Congrès d'Amsterdam

Politique

Table de Matières

Section I   7

Section II   12

Section III   15

Section IV   19

Section V   31

De tous les Congrès socialistes internationaux, celui d'Amsterdam a provoqué en France le plus d'attention et soulevé le plus de polémiques. C'est à peine si la presse anglaise en a fait mention. Les socialistes d'Amsterdam ont aussi peu excité la curiosité des Anglais, que s'il s'était agi d'une réunion cosmopolite de médecins ou de philosophes, bien que les socialistes se proposent non d'améliorer ou d'interpréter le monde, mais de le changer ; — c'est que les Anglais professent la plus parfaite indifférence pour les phrases et les théories. Les socialistes du continent sont d'habiles metteurs en scène, et ils savent organiser leurs représentations théâtrales. Ils ont exhibé à Amsterdam un marxiste japonais, un parsi hindou, des révolutionnaires russes. Afin de rendre sensible à tous les yeux l'éclatant contraste de la civilisation prolétarienne et de la barbarie capitaliste qui remplit l'Extrême-Orient de sang et de ruines, le citoyen Plekhanoff et le citoyen Sen Katayama se sont serré solennellement la main, au milieu des hurrahs et des trépignements de l'assistance. Mais le grand attrait d'Amsterdam, digne de rivaliser avec la coupe Gordon Bennett, ou le match des grands escrimeurs, fut le duel oratoire entre Bebel et M. Jaurès. A tort ou à raison, on estimait qu'en France les résultats de cette lutte pouvaient causer une répercussion sur notre politique intérieure, et l'on en a discuté avec passion les résultats.

Section I

Ces sortes de Congrès présentent cependant quelque intérêt général. Ils permettent aux socialistes de frapper l'attention du public, de se mieux connaître eux-mêmes, de se rendre compte de la situation respective de leurs partis, des résultats acquis et des moyens d'en obtenir de meilleurs, de discuter les problèmes qui se posent, de rechercher la meilleure tactique : ce sont les séances académiques des états-majors socialistes de tous les pays. Le spectateur attentif a le privilège de voir, d'entendre des êtres vivants.

Au fond de la plus élégante salle de concert d'Amsterdam, le *Concert Gebouw*, une estrade est dressée, garnie de drap rouge. Une guirlande de fleurs rouges court le long de la rampe. Derrière l'estrade, du parquet au plafond, s'étend une longue toile, sur laquelle vous lisez en lettres gigantesques le cri de guerre par lequel se terminait le manifeste communiste de Karl Marx en 1848, et qui est la devise même de l'Internationale : *Proletariers Van Alle Landen Vereinigt U — Prolétaires de tous les pays, unissez-vous* ! unissez-vous pour la lutte de classe contre la bourgeoisie capitaliste, votre seule ennemie. Paix entre les nations, guerre entre les classes, entre les exploiteurs et les exploités, jusqu'à l'expropriation finale !

Si maintenant, sous l'impression de cette devise, vous cherchez des yeux les prolétaires parmi les 470 délégués accourus à Amsterdam, de Yokohama à New-York, vous n'en trouvez pas un seul dont l'aspect extérieur réponde à cette idée. On attache à ce mot de *prolétaires*, considéré par les ouvriers anglais comme une injure, une image de misère ou de pauvreté. Le prolétariat en haillons, le *Lumpenproletariat*, est sévèrement exclu des partis socialistes : vous n'y rencontrez pas même le prolétariat en blouse. La blouse bleue que M. Thivrier arborait au Palais-Bourbon ferait tache dans un Congrès de socialistes. Mais le terme *prolétaires*, en langage socialiste, s'applique à tous ceux qui vivent de leur travail, dans des situations dépendantes, quelque élevés que soient leurs salaires ou leurs honoraires. Si la théorie de Marx était vraie, si la grande industrie avait pour effet de paupériser les masses, les Congrès internationaux devraient, d'une période à l'autre, présenter un aspect plus lamentable de corps amaigris et de visages affamés. C'est le contraire qui arrive : les physionomies sont florissantes, les ceintures s'élargissent. Le développement de la production accroît le bien-être des classes ouvrières, bien loin de les appauvrir. Devant l'évidence des faits, la théorie marxiste est aujourd'hui abandonnée, même par les dépositaires de la doctrine.[1] Mais les socialistes ne font qu'en tirer de plus grandes espérances. Plus les classes se rapprochent, plus elles se combattent. La bourgeoisie n'a pu vaincre la noblesse et se substituer à elle qu'après s'être rapprochée d'elle par la culture et la richesse. Le dénuement ne pousse qu'à la résignation ou à la révolte ; il fait des ouvriers religieux ou des anarchistes. Le socialisme éduque et organise les travailleurs en <u>voie de prospérité</u> ; il les prépare à arracher à la bourgeoisie la

1 Voir la préface de M. Kautsky à la 4ᵉ **édition de** *das Erfurter Programm.* C'est dans ce commentaire du programme d'Erfurt qu'il faut chercher les textes du marxisme orthodoxe.

direction politique et économique de la société.

Ces socialistes éducateurs, lorsqu'il s'agit de politique, de conquête des pouvoirs publics, se recrutent en partie dans l'élite de la classe ouvrière, surtout chez les typographes, mais aussi dans les couches les plus diverses de la bourgeoisie, et c'est ce qui donne à ces sortes de Congrès un aspect si particulièrement bourgeois.

Le mouvement socialiste se produit dans deux directions : de bas en haut, pour ainsi dire, par les syndicats, avec l'arme des grèves ; les syndicats sont uniquement composés d'ouvriers, dirigés par les militants ouvriers. Il s'exerce d'autre part, de haut en bas, par l'influence que les politiciens socialistes acquièrent dans les municipalités, dans les Parlements. L'exemple de la ville de Marseille étale à nos yeux les résultats auxquels peuvent aboutir ces deux mouvements, économique et politique, lorsqu'ils se rejoignent et se combinent. Marseille, si riche et si active, a l'importance d'un petit Etat. La classe commerçante et industrielle s'y est trouvée prise, comme dans un étau, entre les meneurs syndicalistes et les politiciens socialistes. Le résultat ne s'est pas fait attendre : c'est la ruine de la grande cité.

Au Congrès d'Amsterdam, les syndicats qui se rattachent aux partis socialistes n'étaient représentés qu'imparfaitement, d'une façon très inégale d'un pays à l'autre. Presque seules,[1] les organisations politiques de France s'y étaient donné rendez-vous, et c'est ce qui explique pourquoi, parmi ces propagandistes, on apercevait tant de bourgeois de toutes les classes, des avocats, des vétérinaires, des médecins, des étudiants, des professeurs, des journalistes en nombre, des propriétaires, des patrons et jusqu'à des millionnaires. Depuis que les classes ouvrières sont entrées sur le champ de bataille de l'histoire, nombre de gens désertent leur propre classe et s'enrôlent au service de la cause socialiste, pour conquérir le pouvoir et l'exercer au nom du « prolétariat. »

A vrai dire, les cadres socialistes existaient avant que les troupes ne fussent recrutées. La première Internationale, dirigée par Karl

---

1 Quelques syndicats isolés se rattachent aux organisations politiques françaises. La *Confédération générale du Travail* et la *Fédération des Bourses du Travail,* tout à fait indépendantes, qui aspirent à la concentration de toutes les forces ouvrières, n'avaient pas envoyé de délégués à Amsterdam. Leur organe *la Voix du peuple,* sous l'influence des anarchistes, n'a pas soufflé mot du Congrès.

Marx, de 1864 à 1872, qui présenta au début un visage assez bénin pour attirer des républicains philanthropes tels que Jules Simon et Chaudey, avant de se changer en tête de Gorgone, ne comprenait, dans les divers pays, que des chefs et point de soldats. On serait même tenté de croire que le socialisme politique, aussi bien que le socialisme théorique, est d'invention bourgeoise. D'après un écrivain socialiste,[1] « les tendances communistes ne sont pas, tant s'en faut, le fruit de l'esprit populaire : les intellectuels de la bourgeoisie en ont été les véritables instigateurs. » Nous pouvons en dire autant des partis socialistes politiquement organisés. A force de propagande, et par suite du mode de suffrage démocratique, les intellectuels de la bourgeoisie sont parvenus à former des milices, à agir sur les électeurs, et à créer des groupes dans les Parlements. C'est en cela, tout d'abord, que la nouvelle Internationale se distingue de l'ancienne.

Les premières assises en ont été jetées au Congrès de Paris en 1889. L'Internationale s'est reconstituée au second Congrès de Paris en 1900, avec un bureau permanent : en 1904, elle réunissait à Amsterdam 5 délégués de l'Italie, 7 du Danemark, 66 de l'Allemagne, 3 de la Hongrie, 1 de l'Australie, 11 des Etats-Unis, 1 du Canada, 1 de l'Arménie, 101 de l'Angleterre, 2 de la République Argentine, 11 de l'Autriche, 38 de la Belgique, 3 de la Bohême, 2 de la Bulgarie, 5 de l'Espagne, 89 de la France, 33 de la Hollande, 1 du Japon, 2 de la Norvège, 29 de la Pologne autrichienne, russe et allemande, 45 de la Russie, 6 de la Suède, 7 de la Suisse, 1 de la Serbie : au total 470 délégués, qui représentent les organisations socialistes de ces divers pays. Jamais les Russes n'avaient figuré aussi complètement à un Congrès.

Le nombre des délégués ne correspond pas nécessairement à l'importance des groupes qui les ont envoyés à Amsterdam. Ces groupes sont unifiés dans certains pays, par exemple en Allemagne, en Belgique, en Hollande ; diversifiés dans d'autres, et parfois très hostiles. Il suffit de citer, en France, les Guesdistes (parti socialiste de France), les Jauressistes (parti socialiste français), et les Allemanistes (parti ouvrier socialiste révolutionnaire). En Russie le *Bund* (alliance des ouvriers juifs), le parti ouvrier social démocrate, et le parti socialiste révolutionnaire (terroriste), font,

1 M. Rappoport, *Revue socialiste*, avril 1901.

la plupart du temps, très mauvais ménage. Les trois sections de la Pologne ne s'entendent pour ainsi dire jamais. Aux Etats-Unis, on compte trois organisations différentes ; en Angleterre, sept, qui ont envoyé au Congrès des délégations distinctes. Les forces numériques de ces groupes ne nous sont pas connues dans l'ensemble. Qu'il nous suffise de remarquer que les voix obtenues par les socialistes dans le corps électoral et les sièges qu'ils gagnent dans les Parlements, ne sont nullement on proportion de leurs organisations étroites. Ni les Américains, ni les Anglais n'ont de représentants qui comptent dans les corps élus. A Westminster, il n'y a qu'un seul socialiste, élu comme tel, M. Keir Hardie.

C'est que les ouvriers anglais préféraient voter jusqu'ici pour des libéraux, ou pour des ouvriers alliés aux libéraux. Ils ne se soucient pas d'ouvrir le Parlement aux déclassés, aux ambitieux, aux intellectuels de la bourgeoisie, pour qu'ils y fassent figure cl carrière. Un comité s'est fondé récemment en Angleterre, le *Labour representation committee*, en vue de réunir des fonds pour une représentation ouvrière exclusivement distincte, séparée des libéraux à tendance socialiste. Ce comité compte déjà 900 000 adhérents. Il était représenté à Amsterdam par deux délégués. Un certain nombre de Trades-Unions, mais non les plus importantes, avaient envoyé 26 délégués.

En France, au contraire, où les députés socialistes, bourgeois en majorité, jouent le premier rôle à la Chambre, les organisations socialistes paraîtront extrêmement faibles. Ç'a été une stupéfaction pour les Anglais d'apprendre que les bataillons sacrés de M. Guesde et de M. Vaillant ne comptent dans toute la France que 16 000 membres cotisants : ils ont fait élire 13 députés à la Chambre, et leurs candidatures multiples ont réuni 487 000 suffrages. Quant aux jauressistes, ils ne dépassent pas 8 500 membres organisés, auxquels on a peine à arracher 30 centimes de cotisation par an ! Malgré un nombre si minime d'adhérents, qui diminue d'une année à l'autre, les jauressistes ont obtenu 406 377 voix aux dernières élections, un peu plus d'une trentaine de sièges à la Chambre, et, alliés aux radicaux et à 25 000 francs-maçons, ils gouvernent la Chambre, le Ministère et 38 millions de Français.

Si l'on excepte la France, on peut estimer que, depuis le dernier Congrès international, il y a progrès pour les organisations socialistes permanentes des divers pays. Quant aux fractions socialistes dans les Parlements, il faut enregistrer des succès et des revers. Les Allemands tiennent de beaucoup la tête, avec leurs trois millions de voix, qui les ont mis au premier rang des partis allemands dans le corps électoral, et au second rang au Reichstag avec leurs 81 députés. De 1898 à 1903, ils ont gagné 900 000 voix. Ils n'ont devant eux que le centre catholique pour leur barrer la route ; mais ils subissent des échecs aux élections partielles, grâce au zèle de presque tous les partis à se grouper contre eux. Les Belges, au nombre de 28 députés, ont perdu sept mandats au dernier renouvellement de la Chambre, mais au profit des libéraux, lesquels, s'ils arrivent au pouvoir, ne pourront se passer du concours des socialistes. En 1900, les socialistes autrichiens ont perdu cinq sièges, et leur douzaine de députés ne joue au Reichsrath qu'un rôle modeste. En Italie, les socialistes comptent 42 000 membres régulièrement cotisants ; ils sont 27 au Parlement ; ils ont vu M. Giolitti, au début de son ministère, rechercher leur concours et leur offrir un portefeuille.

L'événement le plus remarquable qui se soit accompli, depuis 1900, a été non pas l'accession au pouvoir de quelque socialiste isolé, mais bien la constitution en Australie d'un ministère entièrement socialiste, exclusivement composé, à l'exception d'un seul de ses membres, d'ouvriers appelés au pouvoir par lord Northcote. Le collectivisme du ministère Watson s'est aussitôt réduit à une question d'arbitrage et de retraites. Ce cabinet socialiste a manifesté les affinités les plus marquées pour le protectionnisme et le nationalisme. Il est tombé, le mois dernier, après cent jours, à peine, d'existence, sur la proposition de privilèges exorbitants à accorder aux ouvriers syndiqués, question qui était sa seule raison d'être. Rien n'est plus conforme à l'esprit du socialisme ouvrier que cet égoïsme syndical, qui sacrifie le peuple des travailleurs aux intérêts d'une minorité tyrannique.

Section II

Nous venons d'essayer de nous rendre compte, trop sommairement, de ce que représente un Congrès tel que celui d'Amsterdam : à côté du nombre, il faudrait pouvoir déterminer le caractère, la valeur des individus. Le programme des questions soumises au Congrès par les organisations socialistes des divers pays était, comme toujours, trop chargé. Il comprenait la législation ouvrière, la politique générale, la tactique socialiste, à l'exclusion des questions agraires qui ne sont jamais abordées, et pour cause : les socialistes Allemands, qui ont tenté de les discuter jadis à Breslau, se sont heurtés à la difficulté inextricable de concilier l'agrarisme et le collectivisme. Les ouvriers des champs commencent cependant à se syndiquer et à faire grève ; dans certaines contrées, ils votent en faveur des candidats socialistes. Les guesdistes se montraient très fiers d'un rural, objet rare, qu'ils avaient amené au Congrès. M. Jaurès a présenté une adresse de paysans languedociens.

La plupart des sujets traités, quand les personnes ne sont pas en jeu, sont expédiés d'une façon indifférente et superficielle le plus souvent, ou ne sont même pas discutés. Les socialistes émettent des revendications ou des vœux, sans se donner la peine d'indiquer les moyens pratiques de les réaliser. Ou encore, ils protestent contre tout ce qui blesse leurs sentiments socialistes. Molkenbuhr, député au Reichstag, s'est fait une spécialité de la politique sociale et de l'assurance ouvrière. Il veut bien reconnaître que les grandes lois d'assurances ouvrières ont donné quelques satisfactions aux ouvriers allemands. Mais les accidents deviennent de plus en plus nombreux dans l'industrie, et cela tient uniquement à ce que l'excès de travail fatigue l'attention. L'assurance contre les accidents doit donc avoir pour complément la diminution des heures de travail. L'assurance contre le chômage résulte du droit à l'existence. Il faut donc l'organiser. Les capitalistes, chargés du poids de cette assurance, auront intérêt à réduire le nombre des ouvriers chômeurs. Notez que, si l'ouvrier a son existence assurée, même en cas de grève, rien ne lui sera plus facile que de mettre le capital en échec. Les députés socialistes exigeront donc, dans tous les Parlements, un système complet d'assurances, sous l'administration des assurés. Le parti socialiste de France, d'accord avec les syndicats, a fait voter par le Congrès une résolution qui écarte tout prélèvement sur le salaire des ouvriers pour alimenter les caisses d'assurances.

La politique coloniale est, à tous les Congrès, comme à la

Chambre des députés de Hollande, dont il fait partie, l'affaire de Van Kol, riche Hollandais, propriétaire à Java, qui connaît, autrement que par ouï dire, l'exploitation coloniale. Il est certain que, dans les colonies, les peuples chrétiens ont une singulière façon d'interpréter l'Evangile. Van Kol reconnaît toutefois le droit des peuples supérieurs à coloniser, à élever les peuples barbares à la civilisation, et il distingue la colonisation capitaliste et ses brigandages, de la colonisation socialiste, dont il prend soin de fixer les règles… futures.

Un Anglais, Hyndman, dénonce l'infamie du système capitaliste dans les colonies anglaises. Dababhai Naorop, de la religion des parsis, membre de la délégation socialiste d'Angleterre à Amsterdam, petit vieillard de quatre-vingts ans, combat vainement, depuis cinquante années, pour l'affranchissement de ses compatriotes du joug des Anglais dans l'Inde. Un fonctionnaire de l'administration de l'Inde nous expliquait un jour la politique anglaise à l'égard des Hindous : *We squeeze them*, nous disait-il, et il faisait le geste d'exprimer un citron et d'en jeter l'écorce. Dababhai Naorop demande que les Hindous s'administrent eux-mêmes sous la suprématie de l'Angleterre : par-là ils échapperont aux horreurs de la famine. Et le Congrès approuve ;… il ne reste plus qu'à obtenir le consentement du gouvernement britannique.

Le bureau du parti socialiste international avait mis à l'ordre du jour du Congrès la question des *Trusts*. Rien, cependant, ne touche de plus près les socialistes que l'énorme développement des Trusts. Par la concentration des entreprises, les Trusts écartent la concurrence, règlent la production. Supposez les Trusts du pétrole, du sucre, de l'acier, de la viande, de la navigation, etc., expropriés par l'Etat qui les administrerait au profit du public, nous voilà en régime collectiviste. Il faudrait seulement que l'Etat fût assuré d'enrôler comme fonctionnaires, modestement rémunérés, des hommes de l'envergure des Rockefeller, des Armour, des Pierpout Morgan. Les Trusts ont pour conséquence, d'une part, la concentration des forces capitalistes, d'autre part, la concentration des forces ouvrières. Le Congrès, conformément à la résolution de Paris en 1900, recommande aux ouvriers de ne pas s'associer à la campagne contre les Trusts, attendu que les Trusts hâtent l'avènement du collectivisme, mais d'organiser, de fortifier chaque jour l'armée ouvrière, pour qu'elle soit de taille à lutter contre le monstre capitaliste. — Nous arrivons enfin à la question des règles internationales de la politique socialiste, qui seule passionna et anima le Congrès, autant que le permet une discussion où il faut traduire chaque discours en deux langues. Le sujet exige quelques explications préalables.

Section III

L'ancienne Internationale avait été remplie par la lutte entre Karl Marx et Bakounine. la lutte entre l'esprit centralisateur et l'esprit fédéral, et aussi entre le socialisme et l'anarchisme. L'Internationale dut se dissoudre en 1872 après le Congrès de La Haye.

La tradition internationale, selon l'esprit marxiste, fut reprise à Paris en 1889, au Congrès qui coïncida avec le Centenaire de la Révolution française. Sur l'initiative des délégués français, le Congrès de Paris décréta la démonstration du 1ᵉʳ mai, manifestation de la lutte de classes entre la bourgeoisie et le prolétariat, de même que la fête du 14 juillet symbolise la victoire remportée par la bourgeoisie sur la noblesse. Le chômage du 1ᵉʳ mai, qui causa d'abord un grand effroi, devient d'année en année plus insignifiant, si bien que les socialistes modérés commencent à en demander la suppression dans leurs Revues, attendu que c'est là, pour les ouvriers, une perte de temps et de salaire bien superflue ; mais ils n'auraient pas osé s'adresser au Congrès. Une décision spéciale recommande l'observance de la fête prolétarienne.

A partir de 1889, ce furent les socialistes allemands, les plus savants et les mieux organisés, les plus préoccupés de doctrines et de discipline, qui eurent la haute main sur ces Congrès. Dans tous les pays où le socialisme s'est répandu, les partis socialistes se sont formés sur le modèle de la démocratie allemande. C'est le cas, par exemple, en Autriche, en Belgique, en Italie, en Espagne, etc.

Dans les pays où le socialisme allemand a trouvé plus de peine à se répandre, à cause de son caractère exotique, des sortes de succursales, de *filiales* de la Social-démocratie allemande, se sont maintenues à côté des organisations plus conformes au caractère national. Ainsi, en Angleterre, la *Social-democratic Federation* ;

en France, l'ancienne organisation guesdiste ; en Pologne, le parti social démocratique ; en Russie, le parti ouvrier social démocrate que dirige M. Plekhanoff, restent sous l'inspiration directe des socialistes allemands. Cette prééminence et prépondérance de l'élément tudesque, qui ne vise à rien moins qu'à *pangermaniser* le mouvement socialiste, plutôt qu'à l'internationaliser, se manifesta dans les Congrès de Bruxelles (1891), de Zurich (1893), de Londres (1896), par la lutte contre les anarchistes, lutte dans laquelle avait sombré la première Internationale de Karl Marx.

L'anarchisme diffère essentiellement du socialisme, autant que l'autonomie individuelle s'insurge contre l'association réglée. Mais les anarchistes et les socialistes, au début, se rapprochaient en ceci, qu'ils recommandaient également la violence et l'insurrection : les anarchistes, pour détruire les pouvoirs publics, et les socialistes, pour les conquérir. Les socialistes changèrent de méthode, lorsqu'ils commencèrent à pénétrer en nombre dans les corps élus. Dès lors, ils répudièrent toute violence, toute tentative insurrectionnelle, et n'admirent plus que l'action parlementaire. Particulièrement, en Allemagne, où les attentats contre l'empereur Guillaume suscitèrent les lois draconiennes contre les socialistes, ceux-ci chassèrent les anarchistes de leurs organisations et tentèrent de les expulser des Congrès socialistes internationaux.

A la conquête légale des pouvoirs publics, les anarchistes opposèrent alors l'action directe sous le drapeau de la grève générale, de la grève militaire, de la grève révolutionnaire. Ils ne cessent de la préconiser aux syndicats ouvriers, parmi lesquels ils s'introduisent. Ils leur prêchent l'abstention électorale. Ils leur présentent les socialistes dans les corps élus comme autant de charlatans, qui visent non à la révolution, mais à obtenir des places, et qui trompent le peuple, en sollicitant ses suffrages. Les nombreux attentats commis par les anarchistes, les grandes grèves qu'ils ont fomentées, particulièrement en Espagne, prouvent à quel point leurs propagandistes sont écoutés. Les socialistes les considèrent comme les plus dangereux compagnons et les meilleurs alliés de la bourgeoisie, de la réaction. Les social-démocrates réussirent à les expulser définitivement au Congrès international de Londres en 1896, où ils étaient accourus en foule, afin d'obliger, disaient-ils, les socialistes à révéler qu'ils étaient, non des révolutionnaires, mais de simples politiciens. Désormais, pour être admis dans le giron de l'Église internationale représentée par les Congrès, il faut : « 1°, être le délégué des organisations qui ont pour objet la substitution du mode de propriété et de production socialistes au mode de propriété et de production capitalistes, et considérer, l'action législative et parlementaire comme *un des moyens d'atteindre cette fin* ; — 2°, ou bien encore être le délégué d'associations purement syndicales qui, sans prendre part elles-mêmes à une action politique vigoureuse, admettent cependant la nécessité de l'action politique et législative. Par conséquent les anarchistes en sont exclus. »

La résolution de Londres que nous venons de citer, et qui est demeurée la règle inflexible, ne parle de l'action législative et parlementaire que comme de l'*un des moyens d'atteindre le collectivisme*. Il s'agissait de ne pas laisser aux anarchistes, populaires dans les syndicats, le monopole de la grève générale. La grève générale compte donc des partisans convaincus dans les Congrès internationaux, et même des spécialistes, tels que M. Allemane et M. Briand en France. Les députés socialistes belges, en 1902, ont tenté d'appuyer, par une grève générale qui dégénéra en émeute, la revendication du suffrage universel. Les Hollandais, en 1903, entraînés par l'influence des anarchistes dans les syndicats, commirent la faute de décréter la grève générale pour soutenir les employés de chemins de fer. Ils aboutirent à un désastre, non pour les chefs socialistes, mais pour les ouvriers. Belges et Hollandais se sont bien gardés de rappeler à Amsterdam ces souvenirs cuisants, dans la discussion théorique qui eut lieu sur la grève générale. On y entendit, pour la première fois depuis 1890, un Allemand, délégué de quelques syndicats berlinois, demander au Congrès de ne pas creuser un abîme entre les anarchistes et les socialistes ; sa proposition fut accueillie par les huées des social-démocrates, qui ont toujours déconseillé la grève générale dans le sens anarchiste, — et c'est aussi la raison pour laquelle M. Guesde la désapprouve en France.

Après une discussion sur ce sujet, écourtée et très confuse, où il ne fut jamais question d'expériences subies, le Congrès écarta la motion des Français, qui demandaient une étude méthodique et une propagande en faveur de cet instrument, d'après eux si redoutable, de la grève de plus en plus généralisée, dont nul ne connaît encore toute la portée. La proposition des Hollandais, — de condamner toute idée de grève révolutionnaire, de n'admettre que des grèves, pour ainsi dire, démonstratives, destinées à appuyer des revendications possibles, à obtenir des résultats importants, — fut votée par le Congrès.

Le Congrès recommande aux ouvriers de ne pas se laisser hypnotiser par l'idée, purement utopique, d'une grève qui, d'un coup d'épaule vigoureux, mettrait à bas la société, du jour au lendemain, mais de travailler chaque jour à fortifier leurs organisations. Les Allemands, eux-mêmes, si hostiles et la grève générale, en ont discuté, dans leurs journaux, l'éventualité, au cas où le suffrage universel serait supprimé en Allemagne par un coup d'État ; mais cela, en vue d'intimider les pouvoirs publics, et non de faire éclater la Révolution.

Aussi bien que la discussion de la grève générale, la présence au Congrès des terroristes russes prouve que l'action politique n'est, selon la règle édictée à Londres, qu'un des moyens de combat admis par les socialistes. En Russie, l'action politique n'est pas possible. Les social-démocrates russes qui, sous la direction de Plekhanoff, un marxiste orthodoxe, suivent la méthode allemande, se bornent à faire de la propagande parmi les ouvriers de la grande industrie ; il les instruisent, les poussent à s'organiser. Les terroristes ont une tactique toute différente, spécifiquement russe. De même que les Bakounine et les Kropotkine, ils appartiennent en grande partie à l'aristocratie, et se donnent pour mission de soulever les paysans, mieux préparés qu'au temps où Tourguenef décrivait dans *Terres vierges* la vaine tentative du pauvre Nedjanof. Les terroristes usent de l'assassinat comme moyen d'action. Le comité central des terroristes a distribué au Congrès une sorte de jugement, en vertu duquel M. de Plewhe fut « exécuté », ou plutôt un acte d'accusation, car « l'accusé » ne fut pas entendu avant la sentence. Mais les social-démocrates désapprouvent en général la méthode terroriste : le *Vorwaerts* considère toutefois que l'attentat contre M. de Plewhe est « le résultat de la force des choses. » Des socialistes aussi modérés que Bernstein ont salué le meurtre de M. de Plewhe comme l'acte héroïque d'un nouveau Guillaume Tell, et cité Schiller à ce propos. Si divergentes que soient les opinions sur l'opportunité de l'assassinat politique, les Allemands considèrent les terroristes comme leurs alliés dans la guerre au tsarisme. Que leur servirait de conquérir le pouvoir en Allemagne, si l'absolutisme régnait en Russie ? la République allemande serait à la merci des Cosaques.

Section IV

L'anarchisme est considéré par les socialistes, comme appartenant aux années de jeunesse, d'irréflexion, d'impulsivité, de gaminerie, d'*espièglerie (Flegeljahre)* du socialisme international. Années d'*espièglerie* ! ce mot charmant a été prononcé au Congrès d'Amsterdam. Une autre maladie de croissance, en un sens tout opposé, s'est manifestée ces dernières années, avec une intensité toujours accrue : c'est l'opportunisme, le réformisme, le ministérialisme, que les Allemands expriment d'un mot : le *Revisionnismus*, la tendance à réviser la tactique et les principes fondamentaux. C'est en France que la crise a éclaté avec le plus d'intensité, sous la forme aiguë du *Millerandismus*, d'abord, continuée et aggravée par le *Jauressismus*.

La conquête des pouvoirs publics par le bulletin de vote conduisait, comme conséquence nécessaire, à des coalitions au scrutin, à des alliances entre les socialistes et les partis démocratiques, à des combinaisons, à des compromis dans les assemblées, et atténuait l'opposition irréductible qui distingue le parti socialiste de tous les autres partis bourgeois. Engels, le confident, le collaborateur de Karl Marx, avait annoncé cet accroissement de force et d'influence du socialisme, et, à côté des avantages, il prévoyait des difficultés. Il écrivait en 1894 au socialiste italien Turati, qui le consultait sur la tactique socialiste : que le moment viendrait où les radicaux, pour se maintenir au pouvoir, solliciteraient le concours des socialistes, et leur offriraient des portefeuilles ; mais alors les socialistes, « *toujours* en minorité dans le cabinet, partageraient la responsabilité des actes d'un ministère bourgeois, et c'était là le plus grand des dangers, car leur présence dans le gouvernement diviserait la classe ouvrière, et paralyserait complètement l'action révolutionnaire. » — Cette accession des socialistes au pouvoir devait avoir encore pour inconvénient de leur amener une foule de recrues douteuses, de coureurs de places, qui deviennent les plus fermes conservateurs de l'ordre établi, une fois qu'ils y participent fructueusement. Karl Marx, dans une circulaire de l'Internationale du 21 juillet 1873, ne mettait-il pas déjà les travailleurs en garde contre tous « les avocats sans cause, les médecins sans malades et sans savoir, les étudiants de billard, les journalistes de petite presse, » qui se présentaient en foule dans les partis socialistes, bien qu'ils n'eussent pas encore de profits à espérer. Puis, c'était en France, comme l'écrivait encore Engels, une invasion de Normaliens : « ceux-ci considèrent l'Université comme une école de Saint-Cyr, destinée à fournir à l'armée socialiste ses officiers et ses généraux. » Le socialisme parlementaire était ainsi menacé de devenir un socialisme de jour en jour plus embourgeoisé, et de perdre la confiance des classes ouvrières. Sans doute, concluait Engels, nous serons obligés de passer par la république radicale avant d'arriver au socialisme ; les socialistes ont donc intérêt à soutenir les radicaux qui préparent la dernière étape, mais non à s'inféoder à eux, car le socialisme diffère du tout au tout de leur politique réformiste.

Les choses se sont exactement passées comme le prédisait Engels. M. Waldeck-Rousseau fit appel à M. Millerand. M. Millerand était le plus prudent des socialistes, mais aussi le plus *dévié*. Il ajournait le collectivisme, il répudiait la lutte de classes, il considérait le socialisme comme synonyme de démocratie, de réformes et d'assurances ouvrières. Il siégeait à côté du général de Galliffet, vainqueur de la Commune. Il saluait le tsar. Il endossait la responsabilité des fusillades de Châlon. L'émotion fut considérable parmi les ouvriers et les socialistes de tous les pays. Le « cas Millerand » fut soumis au Congrès de Paris en 1900. Ce Parlement du prolétariat mondial fut appelé à trancher solennellement la question de savoir si, oui ou non, le parti socialiste était un parti de négociation, d'alliance, de paix, ou un parti de guerre vis-à-vis de la bourgeoisie. Le Congrès se prononça pour la guerre. Mais, entre M. Guesde qui excluait toute participation ministérielle, et M. Jaurès qui prétendait faire de cette participation constante, à jet continu, la règle même du socialisme dans des Républiques comme la France, le Congrès adopta la célèbre motion Kautsky. Cette motion déclarait tout d'abord contre les anarchistes : « que la conquête du pouvoir politique ne peut être le résultat d'un coup de main, mais bien d'un long et pénible travail d'organisation politique et économique. » Puis, contre les réformistes ministériels, la motion disait : « que l'entrée d'un socialiste isolé dans un gouvernement bourgeois est une expérience dangereuse, un expédient forcé, *transitoire*, exceptionnel, une question à trancher dans chaque parti, dont le ministre socialiste doit toujours rester le mandataire. »

La tactique allemande dictait donc encore ses règles, au Congrès de 1900, comme aux précédents Congrès. A l'occasion de ce vote, une scission se produisit dans le parti socialiste français mal unifié : chacun interpréta à sa manière l'oracle de M. Kautsky, jusqu'au jour où M. Millerand fut exclu de sa propre organisation et rejeté dans le camp radical.

Le réformisme n'est pas spécial à la France. Les deux tendances, révolutionnaire et réformiste, au début même du mouvement socialiste, s'incarnèrent en Marx et en Lassalle, et divisèrent le parti allemand en marxistes et en lassalliens. Les deux sectes finirent par se fondre en un seul parti, mais les tendances subsistèrent et se firent jour, lorsque fut abrogée la loi contre les socialistes, dans d'ardentes polémiques entre Vollmar et la majorité du parti socialiste allemand. Vollmar préconisait la tactique d'alliance gouvernementale. Il fut puissamment secondé par Bernstein, un marxiste de la première heure, qui révisa le marxisme, contesta les prétendues lois de Marx sur la paupérisation des masses, sur les crises *catastrophiques*, et appuya la nécessité d'un changement de tactique sur une critique des théories en harmonie avec l'observation des faits. Si la société capitaliste ne marche pas à une catastrophe prochaine, destinée à ouvrir l'ère collectiviste, il s'agit de ne plus se laisser hypnotiser par le but final, mais bien de travailler a des réformes de chaque jour. Les classes ouvrières ne possèdent ni la maturité politique, ni la capacité industrielle. Le socialisme consiste à les organiser, à les éduquer, à réaliser des progrès dans les institutions démocratiques, et non à exproprier la bourgeoisie.[1] Il s'agit donc de réviser en ce sens le programme et la tactique du parti socialiste Le révisionnisme ne fut d'abord qu'une opposition littéraire condamnée à chaque Congrès de la

---

1 Voir notre article sur la *Crise du socialisme* dans la *Revue* du 15 septembre 1899.

social-démocratie allemande. Il prit figure de question pratique, au lendemain des dernières élections au Reichstag, quand se posa la question de savoir si les socialistes exigeraient un siège à la vice-présidence, au prix d'une visite obligée à Guillaume II, à ce même Empereur qui désignait les socialistes comme une cible à ses soldats. Devant l'altitude du gouvernement, et au lendemain d'un triomphe électoral, n'était-ce pas pour les socialistes une humiliation, un aveu de faiblesse et d'impuissance, une trahison à l'égard de leurs électeurs, que de risquer une pareille démarche ? La motion que Bebel et Kautsky firent voter au Congrès de Dresde, par la presque unanimité des délégués, devait couper court à ces premières velléités d'avances à la monarchie impériale. « Le Congrès, disait cette motion, condamne de la façon la plus énergique les tentatives révisionnistes, tendant à changer notre tactique éprouvée et victorieuse, basée sur la lutte de classes, et à remplacer la conquête du pouvoir politique, de haute lutte contre la bourgeoisie, par une politique de concessions à l'ordre établi… Les antagonismes de classes, loin de diminuer, vont s'accentuant… C'est pourquoi le Congrès déclare que la démocratie socialiste ne saurait viser à aucune participation au gouvernement dans la société bourgeoise, et ce conformément à l'ordre du jour Kautsky, voté au Congrès international de Paris en 1900. Enfin le Congrès compte que le groupe parlementaire se servira de sa puissance accrue, pour persévérer dans sa propagande pour le but final (l'expropriation de la bourgeoisie et l'établissement du collectivisme). »

Le révisionnisme ne se manifestait pas seulement en Allemagne. M. Turati s'en était fait le champion en Italie, et il eût peut-être accepté le portefeuille que lui offrait M. Giolitti, s'il n'avait eu à compter avec l'opposition des socialistes intransigeants révolutionnaires. M. Turati fut condamné au Congrès de Bologne ; et le parti socialiste italien est menacé d'une scission, par le fait de M. Turati, que les révolutionnaires cherchent à retenir, tandis qu'il veut les quitter. Les mêmes tendances révisionnistes se font jour en Belgique et en Autriche. Dans quelques-unes des vingt-deux petites républiques autonomes qui constituent les cantons suisses, le révisionnisme a conduit à la même expérience qu'en France, avec des Millerand et des Jaurès en miniature ; et les résultats en sont très discutés, très contestés entre socialistes. A Genève, à

Saint-Gall, à Berne, la participation au pouvoir cantonal calme l'ardeur des militants, met leurs capacités au service des finances bourgeoises, ou les rend complices de la répression dans les grèves. L'influence délétère du révisionnisme se fait sentir jusqu'à Tokyo, où, au dire du citoyen Katayama, les professeurs, les universitaires sont des étatistes, qui cherchent à endormir le prolétariat et à sauver la bourgeoisie capitaliste par une politique réformiste.

Enfin c'est en France, avec M. Jaurès, que le révisionnisme a trouvé sa plus éclatante expression. M. Jaurès, qui fut le conseil, l'appui de M. Millerand, tant que dura le ministère Waldeck-Rousseau, et son plus ardent défenseur, M. Jaurès a repris en l'aggravant la politique ministérielle, il a fait de son parti à la Chambre le ciment du bloc radical, il a couvert de son approbation et de ses votes tous les actes du ministère Combes. La motion Kautsky, édictée par le Congrès international de 1900, trop élastique, trop « Kaoutchousky, » selon le mot d'un plaisant, était donc restée lettre morte ; il s'agissait de la reprendre et de la renforcer. Il suffisait pour cela d'internationaliser la motion de Dresde, en la faisant ratifier par le Congrès d'Amsterdam. Telle est la proposition que présentait au Congrès le parti de M. Vaillant et de M. Guesde, lequel joue en France le rôle d'une sorte de nonce apostolique de M. Bebel et de M. Kautsky.

La question fut d'abord discutée au sein d'une commission nommée à cet effet, car les socialistes sont dressés, depuis nombre d'années, aux jeux parlementaires, et deviennent en vérité des virtuoses. Ce fut comme une répétition à huis clos de la grande scène attendue par le Congrès avec une impatience fébrile, répétition plus intéressante et plus passionnée que la pièce même. Dans une salle assez étroite où se pressaient les délégués qui avaient vidé le Congrès, M. Jaurès, le représentant le plus autorisé de la nouvelle méthode, était assis, assisté de quelques fidèles. Il avait en face de lui Minos et Rhadamanthe : M. Kautsky ; Mlle Rosa Luxembourg, révolutionnaire exaltée, qui brandit parfois, dans les Congrès allemands, la torche de la Commune ; Bebel, le « Kaiser » de la social-démocratie allemande ; puis M. Guesde et M. Vaillant, le continuateur de la tradition blanquiste. Contrairement aux précédents Congrès, il n'y eut aucun tumulte. M. Kautsky fit d'abord remarquer à M. Jaurès que son cas était bien plus grave que celui de M. Millerand, qui ne gouvernait pas en qualité de mandataire de son parti. La scène la plus vive se passa entre M. Guesde et M. Jaurès, à propos des résultats réciproques de leurs deux méthodes. M. Jaurès reprochait à M. Guesde d'avoir fait perdre au socialisme, par son intransigeance, la place forte de Lille, et M. Guesde rendit au contraire le bloc responsable de cet échec. Il constata que toutes les candidatures des socialistes ministériels furent des candidatures officielles, à peu d'exceptions près. Devant la prétention de M. Jaurès d'avoir empêché la République de sombrer dans la tourmente nationaliste, M. Guesde douta que la République ait été en péril. Il opposa à la conception de M. Jaurès « que le socialisme sortira de la République, » la conception marxiste qui fait surgir le socialisme de l'évolution capitaliste. Nous entendîmes Mlle Rosa Luxembourg s'étonner que M. Jaurès pût allier à une mine si florissante une si mauvaise conscience. Elle se plut à constater à quel point M. Jaurès était isolé, rencontrant une opposition dans son propre parti. M. Jaurès n'eut pour alliés que des Belges, M. Furnémont, surtout M. Anseele. Ce n'est pas un ministère que M. Anseele, l'habile directeur du *Vooruit* de Gand, réclame du roi des Belges, c'est deux ministères, trois ministères, tous les ministères : que les socialistes s'emparent de toutes les places de la bourgeoisie, il n'y a pas de meilleure tactique.. — L'attaque de M. Bebel et la contre-attaque de M. Jaurès remplirent deux longues séances de la commission et deux séances du Congrès.

M. Jaurès se déclara, avec force, partisan de la lutte de classes, de la destruction de la propriété privée. Le fait pour le prolétariat de poursuivre son but par de violents combats, n'exclut pas l'alliance des radicaux bourgeois. Cette alliance a porté ses fruits. La République, l'instrument indispensable à l'émancipation prolétarienne, a été sauvée. Les lois ouvrières ont abrégé le temps de travail ; les lois d'assurances, d'impôt sur le revenu, sont en préparation. Des ministres, tel M. Pelletan, fraternisent avec les syndicats. En travaillant à la séparation de l'Église et de l'État, en établissant l'enseignement laïque, les socialistes alliés aux radicaux ne font que suivre la méthode indiquée par Blanqui, et qui consiste à révolutionner les têtes, avant de s'adresser aux bras. Attendez seulement, disait Blanqui à ses disciples, le résultat de vingt années d'école primaire sous la direction d'instituteurs démocrates ! Vous verrez les résultats. — Passant ensuite à l'offensive, M. Jaurès reprocha aux socialistes allemands leurs prétentions, leur inaction, leur pusillanimité :

« Le suffrage universel vous a été octroyé par la grâce de Bismarck ; et vous vous le laisseriez reprendre en Allemagne, comme vous l'avez perdu en Saxe, sans oser remuer le doigt ! Après les élections au Reichstag, fiers de vos trois millions de voix, vous vous êtes écriés : « l'Empire est à nous ! le monde est à nous ! » Pure fanfaronnade ! vous n'avez rien fait, il n'y a rien de changé. Vous cachez votre faiblesse et votre impuissance, en essayant d'en faire la loi de tous. Laissez donc chaque peuple déterminer sa tactique à sa guise, selon des circonstances particulières qui vous échappent. Votre motion de Dresde ne respire que cet esprit d'hésitation et de doute que vous cherchez à nous imposer. »

Et Bebel de riposter : « Eussiez-vous donc voulu qu'au lendemain des élections, nous prissions d'assaut le palais royal, pour ensuite déposer l'Empereur ? Quand nous aurons obtenu huit millions de voix, nous saurons agir. Si nous avions les mains aussi libres que vous, nous obtiendrions bien d'autres résultats. Vous avez amélioré les écoles, combattu le cléricalisme, par des moyens que nous n'approuvons pas toujours ; vous travaillez à la séparation de l'Eglise et de l'État, c'est fort bien. Vous préparez des lois pour améliorer la condition des ouvriers ; nous approuvons des alliances passagères en vue d'obtenir ces résultats, mais non l'alliance durable entre la bourgeoisie et le prolétariat, car cette alliance est à l'avantage de la bourgeoisie. Je suis républicain, mais ne me vantez pas votre république bourgeoise. Je lui préférerais la monarchie prussienne. Les ouvriers sont écrasés, fusillés dans les grèves, en France, en Suisse, et en Amérique, comme ils ne l'ont jamais été chez nous. Un député socialiste qui eût souscrit tacitement à l'envahissement d'une Bourse du travail, aux brutalités policières contre les militants ouvriers, un député socialiste qui aurait voté en cette circonstance le passage à l'ordre du jour, eût, dès le lendemain, payé sa félonie par la perte de son mandat. Ce suffrage universel que vous vous vantez d'avoir conquis de haute lutte sur les barricades, vous fut donné par Napoléon III : votre République est un cadeau de Bismarck. Vous vous vantiez, vous, Jaurès, d'avoir, au prix de votre popularité, en combattant le chauvinisme de la revanche, sauvé la paix du monde. Et vos amis votent le budget de la Guerre et de la Marine, les fonds secrets !… Autant de raisons pour lesquelles le Congrès doit fixer des règles à la politique socialiste internationale. »

Les deux conceptions contraires de la théorie et de la tactique socialistes s'exprimèrent par ces deux discours. La doctrine marxiste, défendue par Bebel, considère les formes politiques comme subordonnées, et n'accorde d'importance qu'aux transformations économiques ; M. Jaurès attribue à la République bourgeoise la vertu mystérieuse de réaliser peu à peu le socialisme.

Il n'y a pas lieu de discuter les interprétations historiques de Bebel sur l'origine du suffrage universel et de la République, ni de comparer les avantages ou les inconvénients de la forme républicaine et de la forme monarchique. D'autant que Bebel émettait un avis diamétralement opposé, il y a un an.[1] Une monarchie, en effet, comme l'écrit Kautsky, est un obstacle de plus à vaincre pour le prolétariat. De là l'avantage d'une République. Mais sous une République, d'autre part, la haine de classe est plus développée, et la bourgeoisie est moins scrupuleuse : elle cherche à écraser brutalement le prolétariat, ou à le tromper et à le corrompre. Mais la thèse de M. Bebel est parfaitement fondée, lorsqu'il constate que le progrès social n'a pas suivi en France le progrès politique. Et c'est justement cette priorité du progrès politique qui a entravé le progrès social. Sous la pression des masses populaires, le gouvernement de Louis-Philippe allait entreprendre des réformes ouvrières, lorsqu'il fut renversé par l'émeute. M. Emile Ollivier, à la fin de l'Empire, préparait des lois d'assurances que les classes populaires attendent encore. Malgré 93, les journées de Juin, la Commune et la République, l'impôt sur le revenu, qui fonctionne en Prusse, en Suisse, en Angleterre, n'a pu s'installer en France. Si l'on considère le degré de culture, d'organisation,

---

1 Dans un article sur la question de la vice-présidence au Reichstag, Bebel combattait contre Vollmar la thèse qu'il a soutenue à Amsterdam contre M. Jaurès. Il déplorait que l'Allemagne ne fût pas en République… si *bleue* que pût être cette République, et il ajoutait, s'adressant à Vollmar : « que diraient nos camarades français, s'ils entendaient votre langage ? » — M. Jaurès, de son côté, conseillait aux socialistes allemands de revendiquer cette vice-présidence, même au prix d'une visite à Guillaume II. Les rôles étaient donc alors renversés. Bebel aspirait à la République, M. Jaurès voulait qu'on se rapprochât de la monarchie.

des classes ouvrières, on voit l'Angleterre, l'Allemagne, la Belgique monarchiques primer de beaucoup la France républicaine. Sans doute, dans les pays monarchiques, les socialistes sont pour quelque chose dans ces résultats : M. de Bismarck disait qu'en Allemagne il n'y aurait pas eu de politique sociale sans la pression des socialistes. Mais, très favorables aux classes ouvrières comme parti d'opposition, les socialistes deviennent un danger pour elles, lorsqu'ils participent au pouvoir.

L'idée socialiste ou plutôt marxiste, représentée par Bebel, c'est qu'il ne peut y avoir de *concordat* entre la bourgeoisie et le prolétariat. Les représentants du prolétariat ne doivent pas s'allier au pouvoir bourgeois d'une façon continue. Ils peuvent voter des réformes ; mais ces réformes, œuvre de la bourgeoisie, ne seront jamais de nature à satisfaire les ouvriers.

Toutes ces promesses qu'ils ont faites, les socialistes rallies ne sont pas capables de les tenir. Après un siècle de luttes politiques, les socialistes partagent enfin la puissance gouvernementale avec les radicaux, et ils nous disent, par la bouche de M. Jaurès : « Nous allons dépasser tous les autres peuples ! Que seront les lois d'assurances allemandes, comparées aux nôtres, et l'impôt sur le revenu des pays monarchiques, auprès de l'impôt que nous allons établir ? » Laissons le futur et tenons-nous au présent. Le ministérialisme de M. Jaurès a eu pour effet de multiplier les grèves et de les rendre plus violentes, pour cette raison très simple que la présence des socialistes au pouvoir encourage les grèves, mais que les socialistes sont impuissants à les faire aboutir : de là vient la défiance des militants ouvriers contre l'action politique. On l'a constaté au Congrès : l'influence des anarchistes grandit dans les syndicats en France et en Suisse, où les socialistes sont associés au gouvernement. Les projets de réforme semblent dérisoires, après tant d'espérances ; rappelez-vous le projet de retraites de M. Millerand, et l'hilarité qu'il suscita parmi les syndicats. Hé quoi ! la montagne collectiviste accouchait de cette souris réformiste. M. Millerand pouvait, en qualité de radical, proposer une loi de retraites qui le rendait ridicule, en tant que socialiste, et il a été finalement exclu de son parti. Ce n'est pas avec les « petits profits » dont parlait M. Briand, que les socialistes au pouvoir apaiseront les masses déchaînées. Le ministérialisme a donc pour conséquence nécessaire de favoriser l'action anarchiste. On l'a constaté maintes fois au Congrès. Et c'est encore une des raisons pour lesquelles les Allemands, révolutionnaires, disciplinés, ordonnés, demandaient au Congrès de condamner la nouvelle méthode. Après avoir chassé les anarchistes, ils veulent écarter le ministérialisme qui manifestement accroît leur force de propagande.

Et le Congrès leur a donné raison. Il a d'abord rejeté, à égalité de voix, une motion transactionnelle dans la forme, rédigée par l'Autrichien Adler et le Belge Vandervelde, qui reproduisait le sens exact de la motion de Dresde, mais d'une façon adoucie, en limant à cette motion les dents et les ongles. Le Congrès l'eût votée, presque à l'unanimité, si M. Jaurès n'avait déclaré qu'il la voterait lui-même. On tenait à lui infliger un blâme. La motion de Dresde, après une modification insignifiante de Bebel (la substitution du mot *repousser* au mot *condamner*), obtint 28 voix contre 5 et 42 abstentions. Bebel déclara que le succès dépassait ses espérances. Il engagea les Français à oublier leurs querelles, à se tendre une main fraternelle, comme le Russe et le Japonais, à imiter les Allemands qui finirent par s'unir après huit ans d'injures et de controverses. Mais les mains de M. Guesde et de M. Jaurès ne se sont point rapprochées.

Les jauressistes ministériels sortirent du Congrès humiliés et offensés. Ils épiloguèrent sur le vote. Ce vote s'obtient par nationalités, et chaque nationalité dispose de deux voix. Les petites nationalités comptent autant que les grandes. Les amis de M. Jaurès pesèrent donc ces voix, ce qui est contraire à l'esprit démocratique, qui écrase la qualité sous la quantité. « Nous avions pour nous, disent-ils. tous les pays à *self government* démocratique, Angleterre, Belgique, Hollande, Pays Scandinaves, et contre nous des pays courbés sous le despotisme, comme l'Allemagne, dont les socialistes, très naturellement, mesurent leur intransigeance pour autrui à leur impuissance chez eux : cela démontre que l'autorité morale du Congrès s'est prononcée en notre faveur. » Il se trouva que la voix du citoyen Katayama avait déterminé le rejet de la motion Adler-Vandervelde. M. Jaurès, allié du Japon capitaliste et guerrier, a été battu par le Japon socialiste : n'est-ce pas justice ?

M. Gérault-Richard, en qui l'on trouve l'expression d'un socialisme populaire, railla « l'unique Bulgare et l'unique Japonais qui cherchèrent à nous imposer la conception et la tactique à laquelle ils doivent leurs éclatants succès. » Il ne s'embarrasse guère des décisions du Congrès, « simples paperasses qui enrichiront les archives des différents partis socialistes. » M. de Pressensé, avec le sérieux du protestantisme, déclare, au contraire, « avoir reçu à Amsterdam un avertissement, qui correspond aux convictions intimes et profondes de chacun de nous. »

Quant à M. Jaurès, il ne s'avouera jamais vaincu, ainsi qu'il convient à un stratège. La manœuvre de M. Guesde et de M. Vaillant a, d'après lui, complètement échoué. De même qu'il avait jadis interprété en sa faveur la motion Kautsky, il découvre que la motion de Dresde ne le condamne pas. M. Jaurès s'est aperçu que, dans le texte français présenté au Congrès par M. Guesde et par M. Vaillant, cette motion avait été traduite faussement. Il y est dit « que la démocratie socialiste ne saurait *accepter* aucune participation au gouvernement de la société bourgeoise. » Or, le texte de Dresde porte le mot *erstreben*, qui signifie *viser à*. Viser à un portefeuille ministériel, y tendre de tous ses efforts, y aspirer de toute son âme, n'a pas le même sens que l'accepter, contraint et forcé. Vous pouvez, sous la pression des événements, recevoir, la mort dans l'âme, un portefeuille auquel vous ne songiez pas. Et la motion Kautsky, maintenue expressément par la motion de Dresde, vous autorise, ou plutôt ne vous interdit pas, d'entrer dans un ministère bourgeois, si les circonstances l'exigent et si votre parti l'autorise. Le futur ministère de M. Jaurès est donc sauvé grâce à cette distinction entre l'esprit et la lettre, ou plutôt grâce à cette contradiction peut-être voulue (les théologiens tudesques sont si retors !), qui consiste à dire aux socialistes de partout : « Nous vous interdisons d'entrer dans un ministère bourgeois, conformément à la motion Kautsky (qui ne le défend pas). » C'est décréter l'intransigeance des principes et laisser à la tactique, toujours opportuniste, une porte dérobée.

M. Jaurès et ses amis ne considèrent donc pas qu'ils aient rien à changer à leur politique. Ils ne se détacheront pas plus du bloc international que du bloc national, bien que la décision du Congrès les mette dans cette alternative de choisir entre les deux blocs. M. Jaurès a le plus grand intérêt à ne pas se séparer de l'Eglise socialiste universelle. De membre éminent de l'Internationale

rouge, il serait rabaissé au rôle de simple directeur d'une agence de
« chambardement. »

M. Jaurès, par ses attaques, a blessé les Allemands, très influents
dans le socialisme international ; il aura donc à se débrouiller
avec ses coreligionnaires d'outre-Vosges. Comment d'ailleurs
les socialistes pourraient-ils s'entendre ? Ils ne parlent pas la
même langue. Les délégués ouvriers anglais ne comprenaient
rien au Congrès. Ils rejettent le *shibboleth* socialiste de la « lutte
de classes, » qui n'exprime pas exactement, à leur sens, le conflit
des intérêts économiques entre employeurs et employés. Pour
eux, le socialisme consiste à gagner dix schellings par jour et à ne
travailler que huit heures. Les Français ne goûtent le socialisme
qu'enguirlandé de phrases sonores : la *Fraternité de l'avenir ! la
République ! l'Émancipation du genre humain* ! Les Allemands
méprisent la rhétorique, construisent le socialisme sur la dialectique
hégélienne, *la conception matérialiste de l'histoire, l'infrastructure
économique de la société*, et autres formules alambiquées qu'ils
démolissent ensuite, mais avec autant de logique.

En France, les polémiques entre socialistes vont se raviver.
— *Vous n'êtes pas socialistes*, disent les guesdistes aux jauressistes
ministériels. — *Vous n'êtes pas républicains*, ripostent ces derniers ;
— et cela ne sera pas pour fortifier les guesdistes devant le corps
électoral. Le bureau international a offert ses bons offices, en vue
de faire cesser ces divisions fratricides ; il s'est chargé de la mission
délicate de réconcilier M. Guesde et M. Jaurès, mais aucun des
deux partis ne semble préparé à une entente. Ce qui peut nous
toucher de plus près, c'est que M. Jaurès, afin de se laver du soupçon
de réformisme et de modérantisme, tentera peut-être d'accentuer,
dans le sens socialiste, la politique du bloc.

En dernière analyse, le Congrès d'Amsterdam n'a guère pour nous
d'autre intérêt que de nous faire assister à la querelle entre deux
méthodes : celle de Bebel, qui consiste à attendre patiemment que
le jeune Hercule soit devenu assez fort pour asséner à la société
bourgeoise le coup de massue décisif, et celle de M. Jaurès, qui
pratique l'art de Locuste, l'empoisonnement sûr à doses savamment
graduées. A chacun de choisir, selon ses préférences, entre ces
deux genres de mort.

Section V

À considérer le mouvement socialiste dans son ensemble, il présente de frappantes analogies avec la propagande qui précéda la Révolution française. Les théoriciens socialistes jouent, au XIXe siècle, le rôle des Encyclopédistes. Nous trouvons encore ce rapport entre ce temps-ci et 1789, que les gens qui ont le plus à perdre à une révolution sont ceux qui y poussent avec le plus d'ardeur. Dans les partis socialistes de tous les pays, parmi les chefs les plus chauds, vous rencontrez des gens très riches. Une lady de la plus haute naissance vint de Londres à Amsterdam se faire présenter les principaux meneurs. Nombre de bourgeois décadents, de snobs, acclament les socialistes qui tournent en dérision leur propre classe. Nombre d'aristocrates se jetèrent dans la Révolution qui devait les dépouiller, leur couper la tête. Ce n'est qu'en France que le mouvement général d'émancipation du XVIIIe siècle aboutit à un bouleversement social ; partout ailleurs, l'affranchissement, dans le sens libéral et démocratique, s'est accompli sans grandes secousses. Et peut-être en sera-t-il de même pour le courant socialiste qui nous entraîne.

Certains penseurs ont signalé dans la Révolution française un caractère religieux. Ce caractère semble plus marqué encore dans le socialisme. Si l'on considère la force du sentiment qui rapproche les hommes, qui les unit, l'ardeur du prosélytisme, le pullulement et la rivalité des sectes, d'autant plus hostiles qu'elles sont plus rapprochées, la tendance au dogmatisme, à la casuistique et aux excommunications, l'aspiration à fonder, pardessus les frontières des peuples, une Eglise universelle en vue d'une rénovation totale de la société, le socialisme, qui compte aussi ses enthousiastes, qui, par sa prédication humanitaire, rappelle et remplace la foi perdue, participe en une certaine mesure de la nature des religions. Les juifs y jouent un très grand rôle. Leur nombre à Amsterdam s'explique sans doute par l'abondance de la population israélite ; mais les deux grands organisateurs du mouvement ouvrier, Marx et Lassalle, appartiennent à la race juive : des juifs dirigent les états-majors socialistes d'Allemagne et d'Autriche. Dans son *Coup d'œil sur l'Histoire du peuple juif*, James Darmsteter exalte le rôle révolutionnaire et civilisateur du Peuple élu : il attribue à l'influence juive la Réforme et la Révolution française. La Révolution nous ramène directement, selon lui, aux prophètes d'Israël, ces grands apôtres du socialisme. Mais le judaïsme est une religion aristocratique, impliquant le privilège, l'hégémonie d'une race. Dans le judaïsme, le cosmopolitisme extérieur s'associe au nationalisme spirituel le plus exclusif et le plus fermé. Le socialisme international participe beaucoup plus de l'essence du christianisme, qui se produisit lorsque Rome eut rapproché et égalisé sous son joug toutes les nations.

La vapeur, l'électricité, la presse resserrent aujourd'hui les liens entre les esprits et les peuples ; les socialistes qui se comparent parfois aux premiers chrétiens, en diffèrent, autant que le monde industrialisé diffère du monde romain. Les premiers chrétiens avaient l'horreur d'un siècle corrompu. Nous ne retrouverions guère ce sentiment que chez les mystiques russes, qui offraient un si marqué contraste avec le reste du Congrès, si nous avions pu oublier les bombes et la dynamite, et ne voir en eux que des disciples de Tolstoï. Quant aux autres socialistes, ils nous faisaient plutôt songer à cette période où le christianisme, étant sorti des catacombes et gagnant les couches supérieures de la société, Constantin finit par l'incorporer à l'Empire. Il fut dès lors permis à ses adeptes, après avoir achevé de ruiner le monde antique, de devenir préfets ou ministres, sans qu'aucun Bebel songeât à y mettre son veto.

ISBN : 978-1724505538